Weihnachten

Basteln, schenken, dekorieren

Fiona Watt

Weihnachten

Basteln, schenken, dekorieren

Ravensburger Buchverlag

Inhalt

Materialien

Für die Projekte in diesem Buch brauchst du verschiedene Materialien, die du in Künstler-, Bastel- und Schreibwaren-geschäften kaufen kannst.

Farben, Stifte und Tinten

Für die einzelnen Projekte werden verschiedene Farben, Stifte und Tinten verwendet. Wenn eine bestimmte Sorte gebraucht wird, ist das in der Schritt-für-Schritt-Anleitung angegeben.

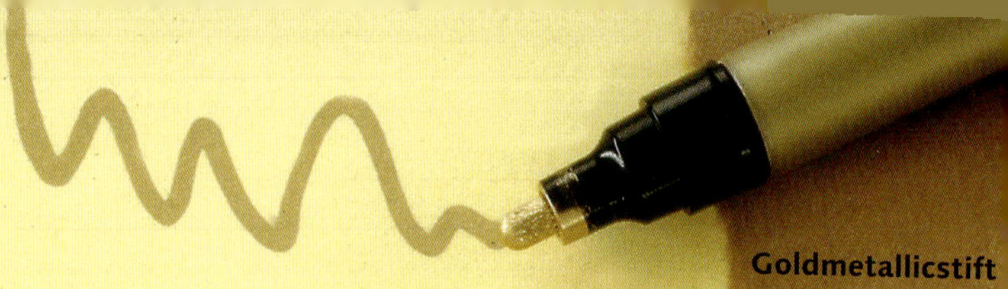

Papiere

Unter dem Haupttitel der Bastelprojekte steht ein Hinweis auf die Papiersorte, die du nehmen solltest, etwa Aquarell-papier, Seidenpapier, dünner Karton oder Packpapier.

Glitter

Wenn du mit losem Glitter arbeitest, legst du den Gegenstand, den du verzieren willst, am besten auf Zeitungspapier. Lass den überschüssigen Glitter auf die Zeitung rieseln und schütte ihn von dort zurück in den Behälter. Glitterklebstoff ist leichter und sauberer zu verarbeiten.

Bänder und Kordeln

Viele Dekorationsideen aus diesem Buch werden mit Bändern oder Kordeln aufgehängt. Wenn du sie nicht im Bastelgeschäft findest, schau dich einmal in der Nähabteilung eines Kaufhauses um.

Pailletten und Sticker

Mit Pailletten und Stickern bringst du deine Dekorationen leicht zum Funkeln. Du kannst auch im Bastelgeschäft oder in der Nähabteilung Metallic-Konfetti in vielen verschiedenen Formen und Farben kaufen.

Dieser Baum wurde aus zwei verschiedenen Bogen Geschenkpapier gebastelt.

Du kannst auch einen Baum aus vier Kreisen basteln, wie den rosa Baum oben.

Weihnachtsbaum-Mobiles

Geschenkpapier

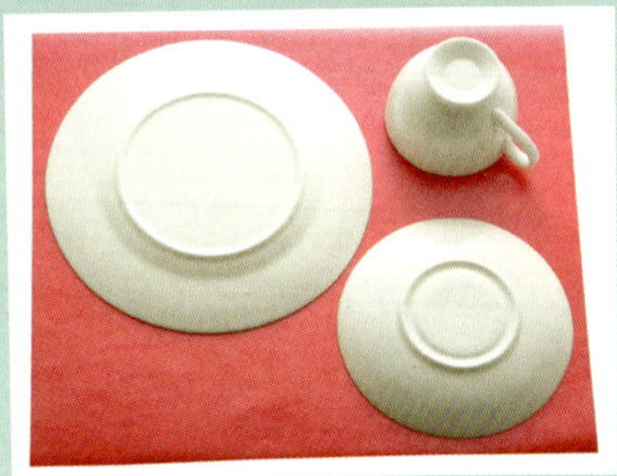

1 Zeichne den Umriss von drei verschieden großen runden Gegenständen auf ein Stück Geschenkpapier. Schneide dann die Kreise aus.

2 Zeichne auf jedem Kreis ungefähr die vier Viertel ein und schneide jeweils ein Viertel aus. Dieses Viertel wird nicht mehr gebraucht.

3 Biege den größten Kreis zu einem Kegel und klebe ihn zusammen. Schneide dann den unteren Rand dicht nebeneinander ein.

4 Rolle die einzelnen Streifen um einen Bleistift, damit sie lockig werden. Klebe auch die beiden anderen Kreise zu Kegeln, schneide sie ein und drehe ihnen Locken.

5 Fädle einen langen Faden in eine Nadel. Mache in das eine Ende einen dicken Knoten. Stich die Nadel von unten durch den größten Kegel.

6 Schiebe den Kegel bis zum Knoten hinunter. Mache etwas weiter oben einen zweiten Knoten und fädle dann den mittleren Kegel auf.

7 Schiebe den mittleren Kegel bis zum zweiten Knoten hinunter. Binde dann den letzten Knoten und fädle den kleinsten Kegel auf, bis er auf diesem Knoten sitzt.

8 Klebe an der Spitze des Baums von beiden Seiten einen sternförmigen Sticker auf den Faden oder klebe ausgeschnittene Sterne oder große, flache Pailletten auf.

9 Wenn du einfarbiges Geschenkpapier verwendet hast, kannst du die Bäume mit Punkten aus Glitterklebstoff oder kleinen Stickern verzieren.

Adventskalender

Dickes Buntpapier

1 Lege 24 Stücke Papier für die Türchen des Kalenders in Form eines Tannenbaums auf ein Blatt Papier. Bestreiche jedes an einer Seite mit Klebstoff und drücke es fest.

2 Schneide Papierstücke so zu, dass sie hinter die einzelnen Türchen passen, klebe sie aber noch nicht fest. Klebe auf jedes Türchen einen Sticker für die Nummer.

3 Schau dir die Ideen für die Bilder hinter den Türchen an. Male die gewünschten Motive, schneide sie aus und klebe sie auf. Schreibe auf jeden Sticker eine Nummer.

Ideen für Bilder

Für alle Bilder brauchst du farbig strukturiertes Papier. Bemale das Papier mit nur wenig Farbe auf dem Pinsel, sodass man die Pinselstriche sieht.

Für einen Strumpf malst du sich kreuzende Linien auf ein Stück Papier. Schneide die richtige Form aus und klebe Stücke für den oberen Rand, den Fuß, die Spitze und die Ferse auf.

Für einen einfachen Weihnachtsbaum schneidest du ein Dreieck aus. Verziere es mit Fingertupfen oder sich kreuzenden Linien.

Schneide für jede Kerze einen Papierstreifen zu und klebe quer darauf kleine Streifen. Klebe etwas darüber eine Flamme auf. Zeichne danach den Docht ein.

Für eine Christbaumkugel zeichnest du den Umriss einer Münze auf farbig strukturiertes Papier. Verziere die Kugel mit Streifen oder Punkten und zeichne dann eine Schleife dazu.

Schneide das Gesicht, die Ohren und das Geweih eines Rentiers aus Papier zu. Klebe eine rote Nase ins Gesicht und kleine Streifen quer auf das Geweih. Zeichne die Augen ein.

Die „Schneeflocken“ im Hintergrund wurden mit der Fingerspitze aufgetupft.

Die Türchen an diesem Kalender wurden teilweise geöffnet, um die Bilder dahinter zu zeigen.

Glitzernde Engel

Krepppapier oder Seidenpapier

1 Halbiere einen Pfeifenreiniger. Schiebe dann eine Perle als Kopf auf das obere Viertel eines der Pfeifenreinigerstücke.

2 Biege die Spitze des Pfeifenreinigers zu einem Kreis, sodass über dem Kopf ein Heiligenschein entsteht. Schiebe das Ende in das Loch der Perle.

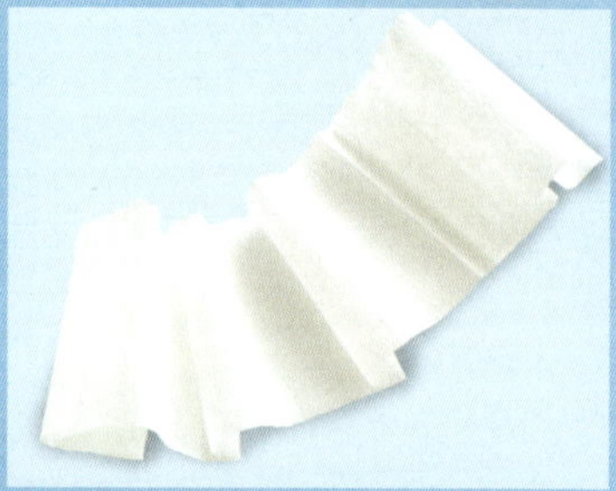

3 Schneide für das Kleid einen etwa 30 cm langen, 6 cm breiten Streifen Krepppapier oder Seidenpapier zu. Falte ihn so, dass die kurzen Seiten aufeinanderliegen.

4 Nimm das Papier am oberen Rand zusammen und wickle es direkt unter dem Kopf fest um den Pfeifenreiniger. Halte es fest.

5 Wickle einen dünnen Faden mehrmals um den oberen Rand des Papiers. Verknote die beiden Enden, um ihn zu befestigen.

6 Schneide für die Flügel zwei Stücke Klebeband zu und tauche die klebende Seite in Glitter. Schneide dann die Enden wie auf dem Bild zu.

Diese Engel sehen an den bemalten Zweigen sehr hübsch aus.

7 Lege die Flügel mit der Glitterseite nach unten. Falte dann die Ecken an der geraden kurzen Seite um, sodass eine Spitze entsteht.

Nimm mehr als eine Nadel, falls nötig.

8 Lege die Spitzen überlappend auf den Rücken des Engels. Befestige die Flügel vorsichtig mit Nadeln am Kleid.

9 Biege das untere Ende des Pfeifenreinigers direkt unter dem Kleid zu einer Spirale. Binde zum Aufhängen einen Faden um den Heiligenschein.

Collage mit Hirten und Schafen

Reste farbiges Papier

Hirte

1 Schneide für den Körper des Hirten eine Bogenform zu. Schneide dann zwei Formen für den Mantel aus und klebe sie auf.

2 Schneide eine Kopfbedeckung aus. Klebe auf diese ein Gesicht, einen Bart, einen Schnurrbart und ein Stirnband auf. Klebe dann die Kopfbedeckung auf den Körper.

3 Schneide Papierstreifen zu und klebe sie auf den Mantel. Schneide dann einen Hirtenstab aus und klebe ihn auf. Darauf kommt noch eine Hand aus Papier.

König

1 Schneide einen Körper für den König so aus, dass die Seiten leicht gebogen sind. Schneide eine ähnliche Form für den Mantel zu und klebe sie auf.

2 Schneide eine Ovalform für den Kopf und ein Dreieck für den Bart aus. Klebe den Bart auf, schneide dann die Kopfbedeckung zu und klebe sie auf.

3 Schneide einen sehr schmalen Streifen Papier aus und klebe ihn als Stirnband auf. Schneide dann eine Federform zu und klebe sie auf das Stirnband.

4 Schneide ein Geschenk aus glänzendem Papier und eine Hand zu. Klebe beides auf und verziere den Körper mit Streifen.

Engel

Reiße eine Dreiecksform für den Körper des Engels aus; reiße dann die Flügel aus weißem Seidenpapier aus. Schneide einen Kopf und einen Heiligenschein zu und klebe sie auf.

Schaf

Schneide den Körper des Schafs zu. Klebe den Kopf und die Ohren an. Füge Papierstreifen für Beine und Schwanz hinzu. Klebe dann Augen, Halsband und Glöckchen auf.

Die runden Sterne am Himmel wurden mit dem Locher ausgestanzt.

Du kannst die Könige auch auf eine Weihnachtskarte kleben (siehe Seite 61).

Lustige Nikolausgesichter

Alte Zeitschriften

Mit diesen Nikolausgesichtern kannst du wunderbare Weihnachtskarten basteln.

1 Reiße für das Nikolausgesicht einen Kreis oder ein Ei aus hautfarbenem Papier aus. Klebe es dann auf ein Blatt farbiges Papier.

2 Reiße viele Stücke weißes und cremefarbenes Papier aus einer Zeitschrift. Sie dürfen ruhig mit Mustern oder Schrift bedruckt sein.

3 Reiße kleine Stücke aus dem Papier und klebe sie als Haare und Bart rund um das Gesicht. Füge auch einige Stücke für den Schnurrbart hinzu.

Auf den Bart kannst du ebenfalls etwas Watte kleben.

4 Reiße zwei kleine Kreise aus rosa Zeitschriften- oder Seidenpapier für die Wangen und ein Ei als Nase. Klebe sie danach auf das Nikolausgesicht.

5 Schneide oder reiße einen Hut aus rotem, gemustertem Papier und klebe ihn auf. Reiße dann eine weiße oder cremefarbene Bommel aus und klebe sie ebenfalls auf.

6 Male mit weißer Farbe oder Korrekturflüssigkeit die Augen auf. Wenn sie trocken sind, zeichne mit dem Bleistift die Pupillen und den Mund ein.

Frostige Winterzweige

Alufolie und Pergamentpapier oder weißes Seidenpapier

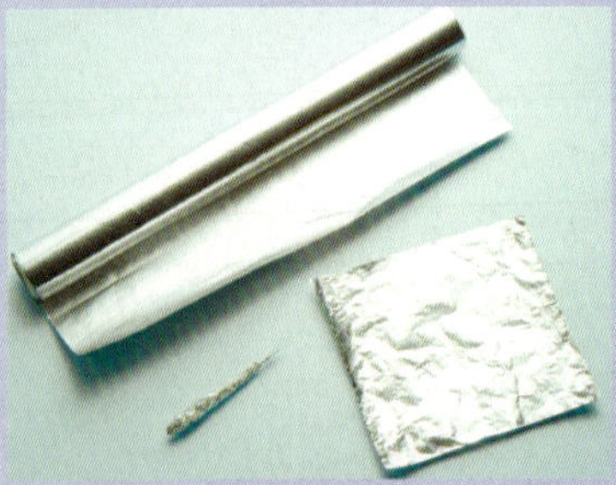

1 Reiße einen breiten Streifen Alufolie von der Rolle und reiße ihn anschließend in zwei Hälften. Zerknülle eins der Stücke, so fest du kannst.

2 Knülle auch das zweite Stück Folie fest zusammen. Biege dann beide Stücke so, dass sie wie die gekrümmten Zweige eines Baumes aussehen.

3 Reiße noch einen breiteren Streifen Folie ab und reiße ihn in zwei Hälften. Knülle ihn fest um die Enden der beiden Zweige, um sie zusammenzuhalten.

Bastle viele Zweige und stelle sie in eine Vase oder lege sie auf einen Tisch.

4 Wiederhole die Schritte 1–3, sodass ein zweiter Ast entsteht. Verbinde dann die beiden Äste mit einem weiteren Stück Folie.

So erhältst du zwei gleiche Blätter.

5 Falte ein Stück Pergamentpapier oder Seidenpapier in der Mitte. Zeichne ein einfaches Blatt auf. Schneide es dann aus dem gefalteten Papier aus.

6 Bestreiche ein Blatt mit Klebstoff und drücke das Ende eines Zweigs darauf. Lege das zweite Blatt darauf, sodass der Zweig zwischen beiden eingeklemmt wird.

7 Schneide weitere Blattpaare zu und klebe sie wie beschrieben an die Enden der Zweige. Lass den Klebstoff gut trocknen, bevor du weiterarbeitest.

8 Bestreiche die Blätter auf beiden Seiten mit Weißleim. Streue Glitter darauf und schüttle den überschüssigen Glitter ab, wenn der Kleber getrocknet ist.

Sternennacht

Küchenpapier

Für diese Collage wurde der Himmel separat aus einem Papier in hellerem Blau zugeschnitten.

Mit dem Kaffee wird das Küchenpapier gefärbt.

1 Gib drei Teelöffel löslichen Kaffee in eine große Tasse. Gieße kochendes Wasser darüber, bis die Tasse zu einem Drittel voll ist. Rühre alles gut um.

2 Lass den Kaffee abkühlen und verteile ihn dann mit dem Pinsel auf zwei einzelnen Stücken Küchenpapier. Dabei dürfen ruhig Streifen zu sehen sein.

Die runden Sterne wurden aus glänzendem Krepppapier zugeschnitten.

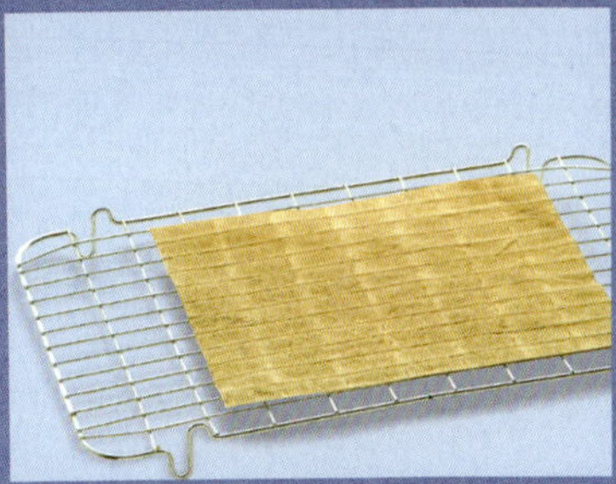

3 Lass ein Küchenpapier auf einer Zeitung trocknen. Lege das andere auf einen Ofenrost. Die Drähte des Ofenrosts ergeben ein Muster auf dem Küchenpapier.

4 Wenn noch Kaffee übrig ist, zerknüllst du noch ein Küchenpapier. Tauche es in die Tasse und nimm es wieder heraus, bevor es völlig durchweicht ist.

Das Gewicht der Bücher glättet das Papier.

5 Breite das Küchenpapier auf einem Stück Zeitung aus. Decke das Küchenpapier auch mit Zeitung ab und lege ein paar schwere Bücher darauf.

6 Wenn das Küchenpapier ganz trocken ist, schneidest du daraus Rechtecke für die Häuser zu. Sie sollten verschieden groß sein.

7 Schneide für einige Häuser Dächer aus Goldpapier zu. Schneide Fenster und Türen aus Buntpapier aus. Klebe alles auf.

8 Damit ein Stadtbild entsteht, klebst du die Gebäude auf ein großes Blatt dunkelblaues oder violettes Papier. Lass einige der Häuser überlappen.

9 Schneide gebogene Baumstämme aus dem Küchenpapier auf dem Kuchenrost zu. Füge blaues Papier für die Blätter hinzu. Schneide Kreise als Sterne aus und klebe sie auf.

Winterliche Aquarelle

Aquarellpapier

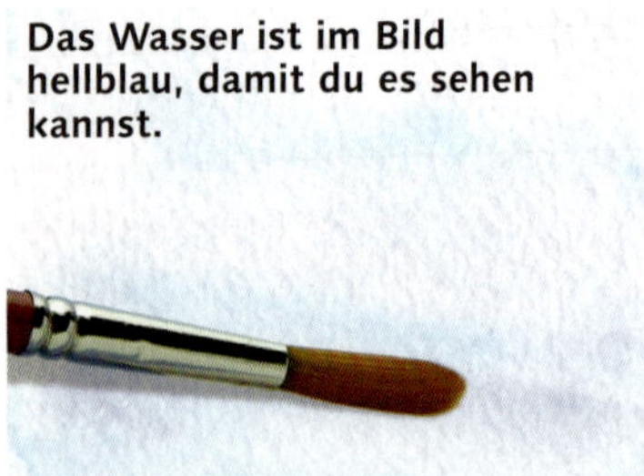

Das Wasser ist im Bild hellblau, damit du es sehen kannst.

1 Schneide ein kleines Stück Aquarellpapier zu und male mit einem sauberen Pinsel und etwas Wasser ein Rechteck in die Mitte.

Die Farbe verläuft im Wasser.

2 Verteile etwas gelbe Aquarellfarbe am unteren Rand des Rechtecks, bevor das Wasser getrocknet ist.

3 Reinige den Pinsel und tauche ihn in blaue Farbe. Verteile die Farbe am oberen Rand des Rechtecks. Die Farben verlaufen ineinander.

4 Male, solange das Papier noch nass ist, viele blaue Tupfen auf. Sie verlaufen etwas, aber nicht sehr, denn das Papier trocknet schon.

5 Wenn das Papier trocken ist, mischst du eine kräftige Aquarellfarbe. Male damit unter jeden Tupfen einen Strich als Baumstamm.

6 Setze dünne Äste und Zweige an die Stämme. Male dann kleine blaue Punkte als Schneeflocken in die Flächen zwischen den Bäumen.

Der Baum oben wurde gemalt, solange das Papier noch nass war.

Auf diesen beiden Bildern wurden die Schneeflocken als Tupfen aufgemalt. Siehe „Weitere Ideen" auf der gegenüberliegenden Seite.

Jedes dieser Bilder wäre eine hübsche Weihnachtskarte.

Weitere Ideen

Male die Tupfen und Baumstämme in verschiedenen Richtungen. Zeichne die Enden der Zweige mit einem kleinen Bogen nach außen, sodass die Bäume wie Weihnachtsbäume aussehen.

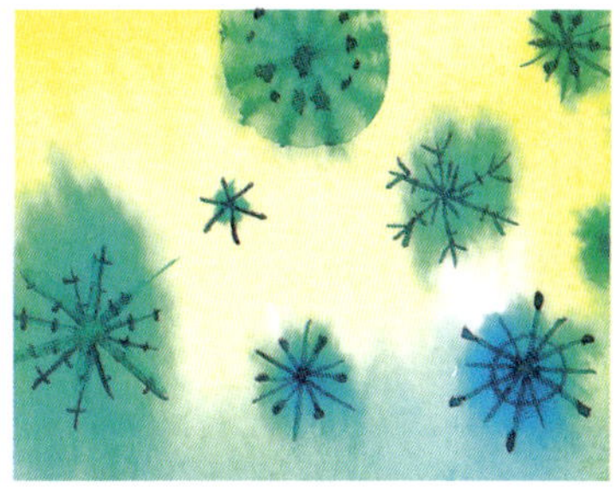

Male statt der Bäume Schneeflockenmuster auf die Tupfen. Male auf jeden eine andere Kombination aus Linien.

Male statt Tupfen einen Baumstamm auf die nasse Farbe. Wenn die Farbe trocken ist, malst du Äste oben an den Stamm.

Weihnachtliches Geschenkpapier

Dünnes weißes oder cremefarbenes Papier

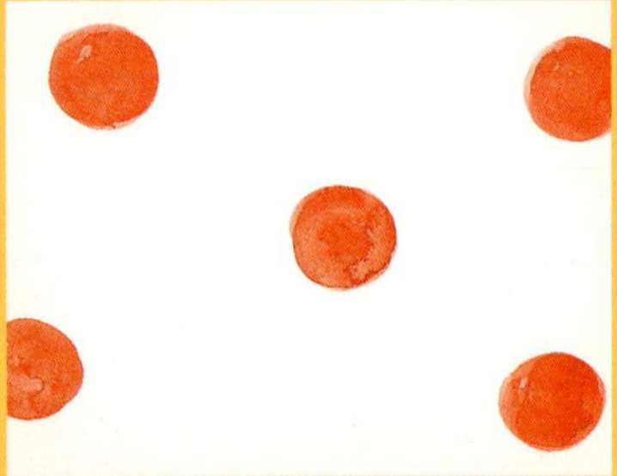

1 Male mit Aquarell- oder Plakafarbe mehrere rote Kreise für die Kugeln. Lass zwischen den einzelnen Kugeln Platz frei.

2 Male mit Gelb, Blau und Lila weitere Kugeln und Tropfenformen zwischen die roten Kreise. Sie sollten verschieden groß sein.

3 Wenn die Formen getrocknet sind, mischst du ein etwas kräftigeres Rot. Male damit Punkte auf alle roten Kreise.

4 Verziere nun die restlichen Kugeln mit Streifen oder Punkten in kräftigeren Farbtönen. Lass sie dann gut trocknen.

5 Male mit einer Zeichenfeder und schwarzer Tinte oder einem Filzstift den Umriss einer Kugel nach. Das muss nicht allzu genau werden.

6 Zeichne dann die Punkte auf der Kugel nach. Zeichne auch den Umriss der anderen Formen und ihre Muster nach.

7 Zeichne eine Öse oben an jede Kugel. Füge eine Schleife und einen Faden zum Aufhängen hinzu.

Verziere das Päckchen mit einer schönen Schleife.

8 Wenn die Tinte trocken ist, verzierst du das Papier mit kleinen Tupfen Glitter-Klebstoff. Lass ihn gut trocknen, bevor du dein Geschenk einpackst.

Verschiedene Arten von Christbaumschmuck erhältst du, indem du die Folie entsprechend in Form drückst.

Es sieht schön aus, wenn du um die Aufhängefäden der Kugeln Schleifen aus Dekoband bindest.

Glänzende Kugeln

Alufolie und Seidenpapier

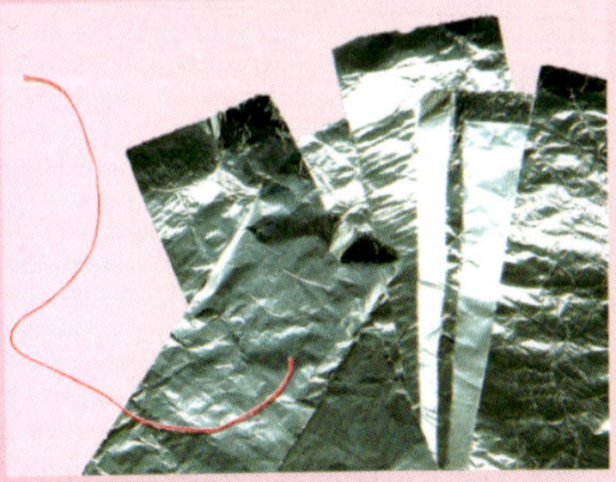

1 Schneide ein etwa 20 cm langes Stück Faden oder dünne Kordel zu. Schneide dann acht Folienstreifen in der gleichen Länge zu.

2 Lege den Faden in der Mitte um. Knülle dann einen Folienstreifen um die Fadenenden zu einer Kugel. Drücke sie gut fest.

3 Knülle die restlichen Folienstreifen nacheinander um die Kugel. Rolle diese dann unter deiner Hand, damit sie eine glatte Oberfläche bekommt.

4 Bestreiche einen Teil der Kugel mit Weißleim und drücke weiße Seidenpapierstreifen darauf. Das machst du, bis die Kugel ganz bedeckt ist.

5 Wenn der Kleber getrocknet ist, klebst du auf die gleiche Weise bunte Seidenpapierstreifen auf, bis die Kugel ganz bedeckt ist.

6 Verziere deine Kugel mit Pailletten, Aufklebern oder Glitter. Schöne runde Punkte zum Aufkleben kannst du mit dem Locher ausstanzen.

7 Wenn du die Kugel fertig verziert hast, bestreichst du sie mit Weißleim. Er wird durchsichtig, wenn er trocknet, und wirkt wie Klarlack.

Schneeflocken-Mosaik

Festes weißes Papier

1 Schneide kleine Rechtecke aus festem weißem Papier zu. Bemale sie mit Tinte oder Aquarellfarbe in verschiedenen Blautönen. Lass sie trocknen.

2 Schneide aus einem der bemalten Rechtecke etwa zehn lange dünne Dreiecke aus. Klebe sie als Stern auf ein Blatt weißes Papier.

Diese Schneeflocken bestehen aus verschieden angeordneten Dreiecken, Rechtecken und Halbkreisen.

3 Schneide kleine Dreiecke aus einem andersfarbigen Rechteck zu. Klebe sie dann wie auf dem Bild rund um den Stern.

4 Schneide mehrere kleine Rechtecke zu und klebe sie um den Kreis. Verteile sie gleichmäßig zwischen den Dreiecken.

5 Klebe ein langes, schmales Dreieck zwischen zwei Rechtecke. Klebe dann zwei noch schmalere Dreiecke rechts und links daneben.

Du kannst einzelne Schneeflocken auf Weihnachtskarten oder Geschenkanhänger kleben.

6 Schneide kleine Dreiecke zu und klebe sie sternförmig an die Spitze der schmalen Dreiecke. Die Spitzen sollten das mittlere Dreieck berühren.

7 Zum Schluss schneidest du lange, schmale Dreiecke zu und klebst sie jeweils an das Ende eines kleinen Rechtecks. Fertig ist die Schneeflocke.

Engel mit goldenen Flügeln

Aquarellpapier oder Zeichenkarton

Dieser Hintergrund wurde mit wässriger Aquarellfarbe gemalt.

1 Male die Kleider der Engel in wässriger bläulich-grüner Aquarellfarbe auf Zeichenkarton oder Aquarellpapier.

2 Mische eine etwas kräftigere blaue Farbe und male damit Linien, Punkte oder Muster auf die Kleider, solange diese noch nass sind.

3 Mische aus Gelb, Rot und ganz wenig Blau die Hautfarbe und male damit Köpfe und einfache Arme und Beine.

4 Male Flügel und Heiligenscheine mit goldener Acrylfarbe. Es muss nicht ganz genau sein, sondern nur ungefähr die richtige Form.

5 Male mit einem dünnen Pinsel die Haare. Gib den Engeln unterschiedliche Haarfarben und Frisuren. Füge Kreise als rosige Wangen hinzu.

Male einen dieser Engel auf eine Weihnachtskarte.

6 Wenn die Farbe trocken ist, zeichnest du mit schwarzer Tinte und der Zeichenfeder oder mit einem Filzstift die Umrisse der Engel, der Flügel und Heiligenscheine nach.

7 Zeichne Augen, Nase und Mund. Füge dann Details wie Schleifen, Kragen und Knöpfe oder auch Schuhe hinzu.

Der König wird als einfache Bogenform aus dem verzierten Karton geschnitten.

Gestreifte Kamele und Könige

Dünner weißer Karton

1 Male mit oranger und grüner Aquarellfarbe Querstreifen auf ein Stück dünnen Karton. Lass dazwischen unterschiedlich viel Platz.

2 Male noch mehr Querstreifen in verschiedenen Farben auf den Karton. Male einige dicker und andere dünner.

3 Füge auch noch ein paar Streifen mit einem breiten Goldstift oder goldener Farbe hinzu. Bemale dann die Rückseite des Kartons mit Goldfarbe.

Die Satteldecken der Kamele wurden aus Glanzpapier zugeschnitten und aufgeklebt.

Du kannst auch einige Streifen mit Punkten und Mustern verzieren.

4 Wenn die Farbe getrocknet ist, faltest du den Karton in der Mitte, sodass die goldene Seite innen ist. Falze den Knick kräftig.

5 Zeichne den Umriss eines Kamels auf den Karton. Achte darauf, dass das Ohr und die Spitze des Höckers die Faltkante berühren.

Du kannst Pailletten als Augen aufkleben.

6 Schneide das Kamel aus dem Karton aus. Lass dabei die Faltkante mit dem Ohr und dem Höcker stehen. Füge dann die Augen hinzu.

Knote die Fäden fest um die Kordel, damit sie nicht verrutschen.

Schöne Sternenketten

Zeichenkarton

1 Schneide mehrere Streifen Zeichenkarton zu. Sie müssen alle gleich breit sein. Bemale alle Streifen in derselben Farbe.

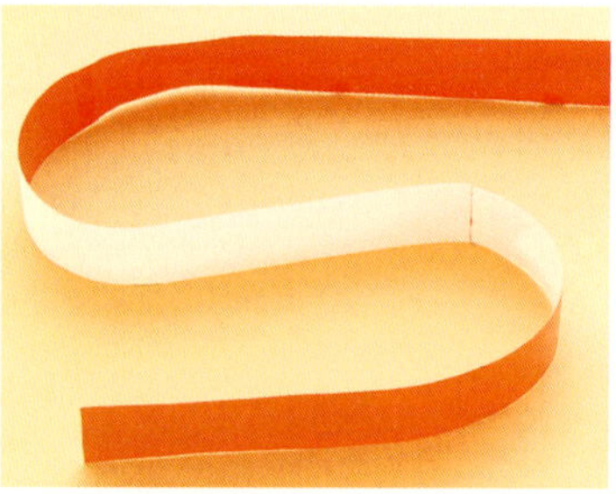

2 Klebe die Streifen zu einem richtig langen Streifen zusammen, der mindestens dreimal so lang sein muss, wie diese eine Seite breit ist.

3 Falte zunächst ein Ende des Streifens wie im Bild um und falze die Kante gründlich. Das ergibt eine Kante des Sterns.

4 Falte nun das lange Ende des Streifens nach oben, sodass die linke Kante genauso lang ist wie die zuerst gefaltete Kante.

5 Falte dann das Papier nach hinten, sodass es an der ersten Faltkante entlangläuft. Alle Kanten sollten gleich lang sein.

6 Falte dann den Streifen immer weiter um das Fünfeck, sodass alle Kanten und Faltkanten genau zusammenpassen.

Wenn du viele Sterne bastelst, kannst du jeden anders verzieren, wie hier auf dem Bild.

7 Wenn du am Ende des langen Streifens angekommen bist, steckst du das lose Ende, so weit es geht, unter den Streifen. Anschließend falzt du es um.

8 Drücke die Seiten des Fünfecks fest zusammen, sodass ein Stern entsteht. Kneife dann nacheinander die Spitzen in Form, sodass sie sauber aussehen.

9 Verziere den Stern mit Farbe oder Glitterklebstoff. Stich dann mit einer Nadel durch eine Spitze des Sterns, ziehe einen Faden durch und verknote die Enden zu einer Schlaufe.

Fliegende Rentiere

Weißes Papier

1 Schneide mehrere Stücke weißes Papier zu. Male sie dann mit Ölkreide in Rosa, Orange, Weiß und Gelb an.

2 Streiche mit einem dicken Pinsel kräftige braune oder schwarze Acrylfarbe auf die Kreide. Lass die Farbe trocknen.

3 Wenn die Farbe trocken ist, kratzt du mit dem Bastelmesser Linien und Punkte in die Farbe. Lass die Linien in unterschiedliche Richtungen laufen und mache sie verschieden dick.

Kratze für den Mond eine Spirale in die Farbe, wie hier.

4 Schneide einfache Formen aus dem eingefärbten Papier, die Körper, Kopf, Hals, Beine und Schwanz eines Rentiers darstellen. Schneide auch ein Geweih aus.

5 Klebe das Rentier auf ein Stück braunes Papier. Schneide dann noch weitere Rentiere zu und klebe sie auf. Schneide auch Zügel aus und klebe sie auf.

6 Schneide eine einfache Form für den Schlitten sowie einen Zügel aus und klebe sie auf. Bereite viele Päckchen vor, um den Schlitten zu füllen.

Verwende mit dem Locher ausgestanzte Punkte als Schneeflocken.

Schneide Häuser aus und klebe sie an eine gekrümmte Straße unter den Rentieren.

Fröhliche Schneemänner

Dunkles Papier

1 Tauche deinen Daumen am Anfang in weiße Farbe und drucke dann mehrere Reihen Daumenabdrücke auf ein Stück dunkles Papier.

2 Tauche die Spitze deines Mittelfingers ebenfalls in die weiße Farbe und tupfe damit über jeden Daumenabdruck einen Schneemann-Kopf.

3 Schneide einen schmalen Streifen aus dickem Karton zu. Tauche das Ende in rote Farbe und drucke damit eine Nase auf jeden Kopf. Lass sie alle in verschiedene Richtungen zeigen.

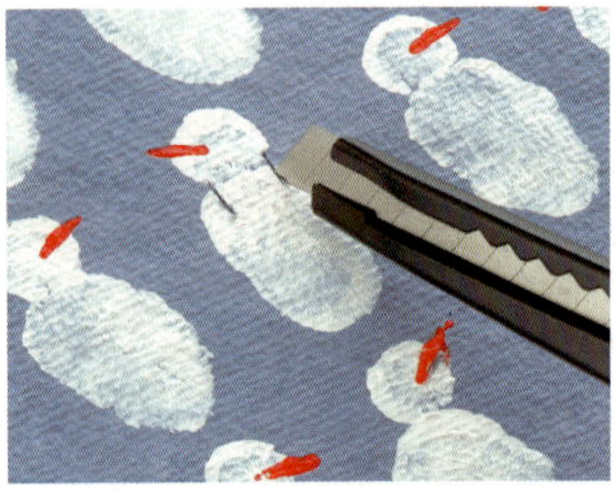

4 Wenn die Farbe ganz trocken ist, schneidest du bei einigen Schneemännern direkt unter dem Kopf links und rechts einen Schlitz ein.

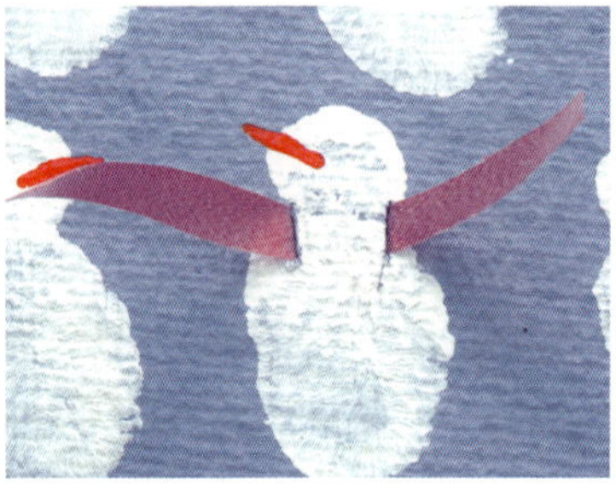

5 Schiebe ein Stück schmales Geschenkband durch den einen Schlitz hinunter und durch den anderen wieder herauf.

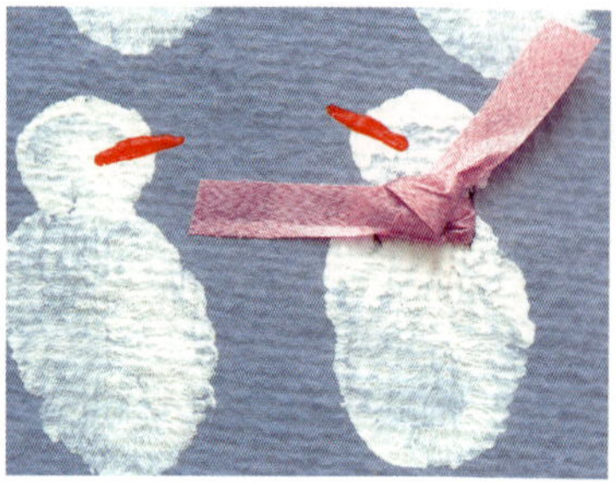

6 Verknote die Enden des Bandes, sodass der Schneemann einen Schal um den Hals trägt. Kürze die Enden, falls sie zu lang sind.

7 Für einen spitzen Hut tauchst du das Ende eines weiteren schmalen Kartonstreifens in Farbe und drehst es in einem Viertelkreis auf dem Kopf.

8 Wenn die Farbe trocken ist, zeichnest du Stricharme und -finger für jeden Schneemann. Zeichne sie in verschiedenen Haltungen. Füge auch Augen hinzu.

9 Male auf einige Körper Knöpfe. Zeichne dann verschiedene Münder, sodass die Schneemänner lachen, schreien, sich ärgern, überrascht sind oder schlafen.

Drucke kleine Schneemänner mit deinen Fingern.

Die Füße dieser Schneemänner wurden mit einem Streifen dicker Pappe gedruckt.

Mini-Laternen

Dickes weißes Papier oder Zeichenkarton

1 Schneide für acht Laternen ein Stück Papier auf die Größe dieser Seite zu. Bemale eine Seite des Papiers mit richtig leuchtenden Farben.

2 Wenn die Farbe trocken ist, bemalst du die Rückseite des Papiers in einer hellen Farbe. Lass sie ganz trocknen.

3 Falte das Papier in der Mitte, sodass die langen Seiten aufeinander liegen. Falte es dann noch zweimal in der Mitte, diesmal so, dass die kurzen Seiten aufeinander liegen.

4 Falte das Papier auseinander und schneide dann entlang der Faltkanten acht Rechtecke zu. Schneide an der langen Seite jedes Rechtecks einen schmalen Streifen ab.

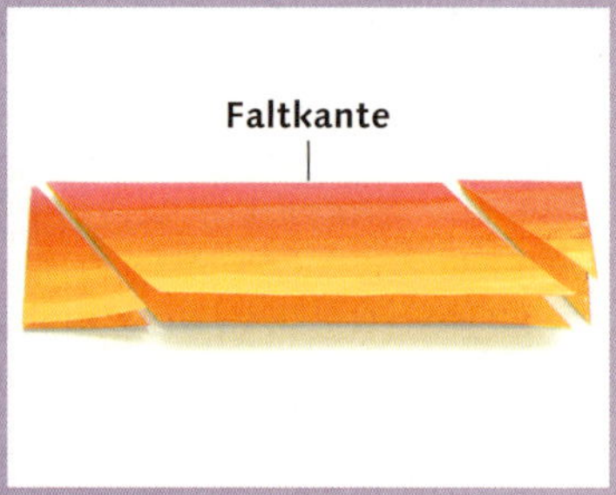

5 Falte ein Rechteck in der Mitte, sodass die langen Seiten aufeinander liegen. Schneide dann vom gefalteten Papier an jedem Ende ein Dreieck ab, wie auf dem Bild.

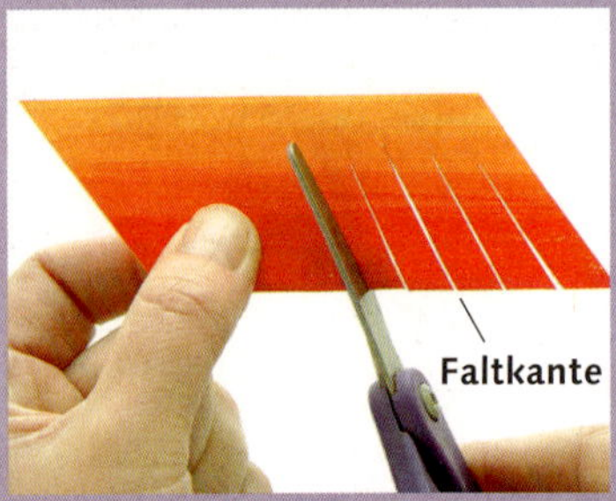

6 Halte das Papier mit der Faltkante nach unten und schneide es dann mehrmals schräg ein, fast bis zum oberen Rand.

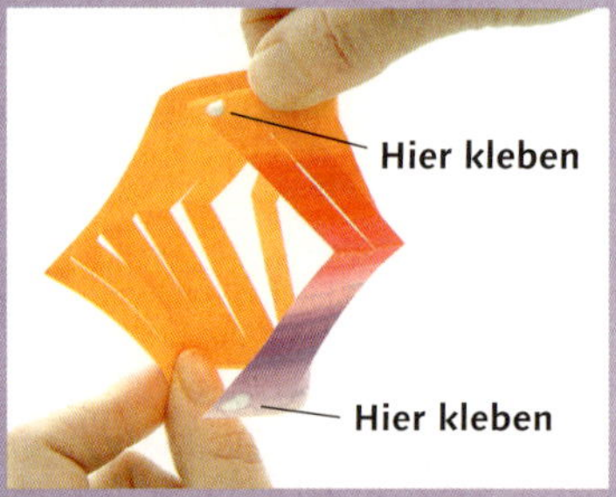

7 Falte das Papier auf und gib jeweils einen Tropfen Klebstoff auf die spitzen Enden. Biege das andere Ende um, sodass eine Laterne entsteht.

8 Falte einen Papierstreifen in der Mitte. Klebe die Enden in der Laterne fest, sodass ein Henkel entsteht.

Feierliche Weihnachtskarten

Glänzendes Geschenkpapier, Papier- und Kartonreste

1 Bemale Papier- oder Kartonreste, um strukturiertes Papier für die Kronen zu erhalten. Male in einem anderen Farbton darüber, wenn die erste Farbe trocken ist.

2 Für eine spitze Krone schneidest du ein Rechteck aus einem bemalten Papier. Schneide zwei Dreiecke tief in den oberen Rand.

3 Schneide einen breiten Streifen rotes Geschenkpapier, Glanzpapier oder strukturiertes Papier zu und klebe ihn quer unten auf die Krone.

Klebe die Goldstreifen senkrecht auf.

4 Schneide einen Streifen Goldpapier zu und klebe ihn über die Spitzen. Entferne dann die Überstände an den Enden und zwischen den Spitzen.

5 Schneide dünne Streifen Goldpapier zu und klebe sie auf das rote Papier. Klebe dann einen orange strukturierten Streifen quer auf den unteren Rand.

6 Für eine gerundete Krone zeichnest du einen Umriss wie auf dem Bild auf ein Stück strukturiertes Papier oder Glanzpapier. Schneide ihn dann aus.

7 Klebe einen Papierstreifen quer auf den unteren Rand und darauf kleine senkrechte Streifen. Schneide dann drei schmale Dreiecke aus und klebe sie auf.

8 Schneide einen Kreis aus Papier zu und klebe ihn oben auf die Krone. Drucke mit der Fingerspitze einen leuchtenden Farbklecks als Edelstein in die Mitte.

9 Bastle noch mehr Kronen aus dem vorbereiteten Papier. Klebe sie dann auf einen gefalteten Karton oder auf festes Papier, sodass eine Klappkarte entsteht.

Bastle noch weitere Kronen, wie sie auf dieser Seite zu sehen sind.

Klebe kleine Papierstückchen rund um die Kronen.

Magische Kugeln

Buntpapier

Der Deckel einer Gewürzdose hat die richtige Größe.

1 Falte ein Stück Papier in der Mitte, zeichne dann sechsmal den Umriss eines kleinen Schraubdeckels auf. Schneide die Kreise aus dem gefalteten Papier aus.

2 Falte die 12 ausgeschnittenen Kreise je fünfmal am Rand um. Die gefalteten Ränder sollten etwa gleich groß sein. Falze sie fest um.

3 Bestreiche einen umgefalteten Rand mit Klebstoff und drücke den Rand eines anderen Kreises daran. Richte Falz und Rand gleichmäßig aus.

Biege die beiden verbundenen Kreise, sodass die Ränder sich treffen.

4 Bestreiche zwei Randfalten eines weiteren Kreises mit Klebstoff und drücke sie auf die Ränder der beiden schon verbundenen Kreise.

Hänge deine Kugeln an bemalte Zweige, wie hier, oder an den Weihnachtsbaum.

5 Klebe die Kreise auf diese Art immer weiter am Rand zusammen, sodass mit der Zeit eine Kugel daraus entsteht.

Klebe den Faden auf diese Seite des Kreises.

6 Bevor du den letzten Kreis einklebst, schneidest du einen Faden zu, legst ihn in der Mitte um und verknotest die Enden. Befestige ihn mit Klebeband an dem letzten Kreis.

7 Bestreiche dann alle Ränder des letzten Kreises mit Klebstoff. Drücke ihn vorsichtig an, sodass der Faden an einer Ecke heraushängt.

8 Wenn der Kleber völlig getrocknet ist, kannst du die Seiten der Kugel mit Pailletten, Metallic-Konfetti oder glitzernden Aufklebern verzieren.

Du kannst auch eine Kugel mit vielen kleinen Punkten aus Glitter-Klebstoff verzieren.

Dekorative Geschenkkartons

Bilder aus Zeitschriften und Geschenkpapier

1 Reiße oder schneide Bilder aus alten Zeitschriften. Reiße auch Stücke aus Geschenkpapier oder verziere selbst ein Stück Papier (siehe unten).

2 Beklebe mit den Papierstücken eine Pappschachtel, etwa eine alte Pralinenschachtel. Klebe die Stücke überlappend auf.

3 Wenn die Schachtel ganz bedeckt ist, bestreichst du sie mit Weißleim. Das schützt die Schachtel und macht sie fester.

Das kannst du alles aufkleben

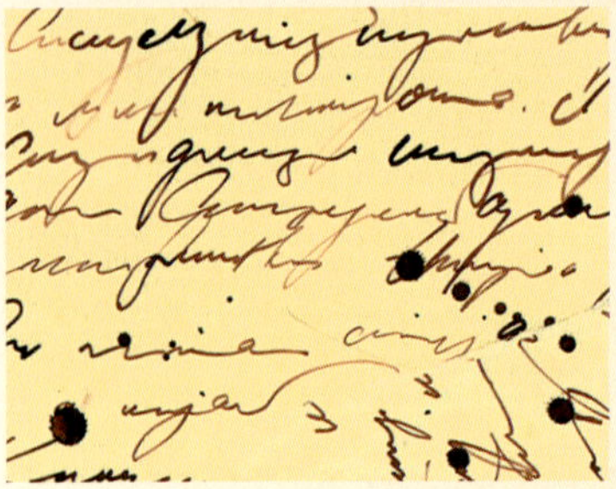

Schreibe mit einem braunen Filzstift oder mit Feder und Tinte lange zusammenhängende Zeilen auf cremefarbenes Papier.

Reiße altmodische Schwarzweiß- oder Sepia-Fotos von Personen aus alten Zeitschriften.

Schneide oder reiße Briefmarken oder aufgedruckte Marken aus Umschlägen oder Paketen und klebe sie auf.

Wenn Papier alt aussehen soll, lässt du einen Teebeutel einige Minuten in Wasser ziehen und wischst dann damit über das Papier.

Schneide kleine Sterne aus Buntpapier aus und klebe sie auf; du kannst auch gummierte Papiersterne nehmen.

Bemale Zeitungspapier mit wässriger blauer Tinte oder färbe es mit einem Teebeutel (siehe ganz links).

Schneelandschaft bei Nacht

Aquarellpapier oder Zeichenkarton

Der Himmel auf diesem Bild wurde oben mit wässriger Farbe gemalt.

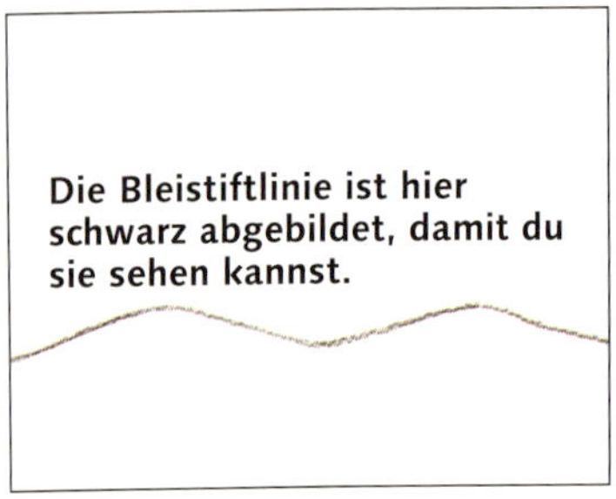

Die Bleistiftlinie ist hier schwarz abgebildet, damit du sie sehen kannst.

1 Zeichne mit Bleistift eine dünne, wellige Linie quer über ein Blatt Aquarellpapier oder Zeichenkarton; das ist der obere Rand des Schnees.

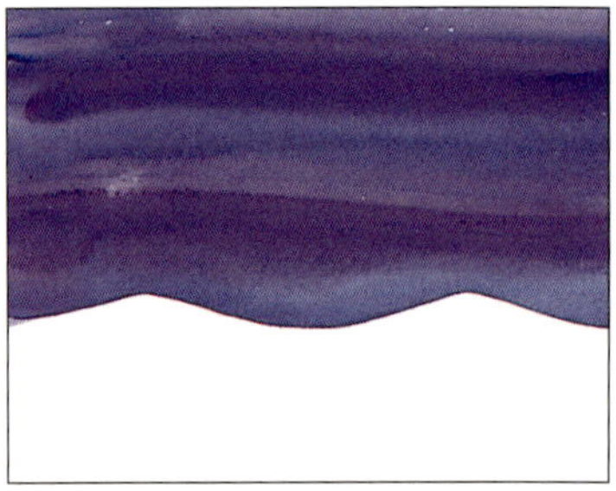

2 Fülle den Himmel über der Linie mit einem dicken Pinsel in dunkelblauer oder violetter Aquarellfarbe aus. Lass das Bild trocknen.

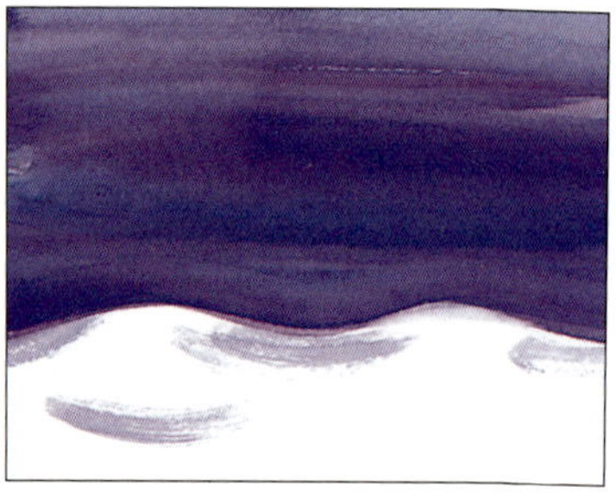

3 Tauche für die Schatten auf dem Schnee einen trockenen Pinsel in wässrige blaue Farbe. Ziehe damit einige wellige Linien über das Papier.

Eine solche Landschaft kannst du auf eine Weihnachtskarte malen.

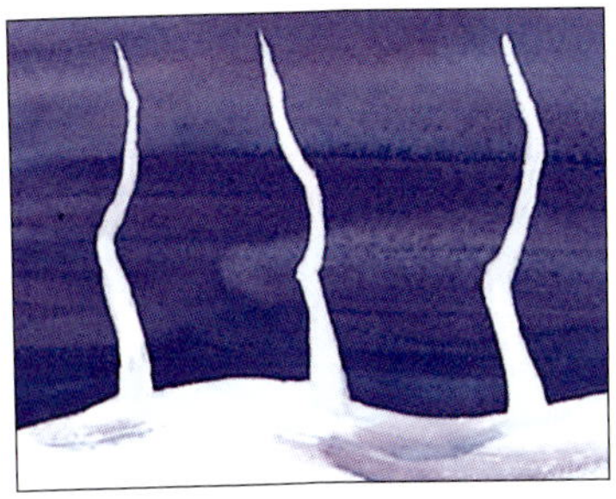

4 Wenn die Farbe trocken ist, malst du mit weißer Acrylfarbe oder Gouache mehrere Baumstämme auf den Himmel. Sie sollten etwas gebogen sein.

5 Male Äste auf, die sich von den Stämmen nach außen recken. Füge dann mit der Spitze eines dünnen Pinsels viele kleine Zweige hinzu.

6 Tupfe mit der Spitze des Pinsels kleine Punkte als Schneeflocken zwischen die Bäume. Male dann den Mond in den Himmel.

Mit der gleichen Technik kannst du auch eine Karte mit Kugelmotiv basteln.

Die Sternenkarte unten wurde wie die Karte in Schritt 6 gebastelt.

Goldene Sternenkarte

Transparentpapier

1 Zeichne mit einem dicken Goldstift eine verschnörkelte Linie auf ein Blatt Transparentpapier. Zeichne dann eine zweite Linie mit einem dünnen Stift.

2 Zeichne einen Stern auf das Transparentpapier und schneide ihn aus. Zeichne dann einen ähnlichen Stern auf Goldpapier und schneide ihn aus.

3 Gib etwas Klebstoff auf die Rückseite des Transparentpapiersterns und drücke ihn auf den Goldstern, sodass die Spitzen versetzt sind, wie auf dem Bild.

4 Bereite mit der gleichen Technik andere Formen aus Transparent- und Goldpapier vor, z. B. Kugeln, Päckchen oder Weihnachtsbäume.

5 Eine einfache Karte erhältst du, indem du das Motiv auf ein Stück festes, gefaltetes Papier klebst. Zeichne mit Glitter-Klebstoff einen Rahmen rund um das Bild.

6 Eine aufwändigere Karte erhältst du, wenn du das Motiv auf ein Blatt Papier klebst. Klebe dann das Papier auf eine gefaltete Karte.

Girlanden aus Glanzpapier

Geschenkpapierreste

1 Schneide ein sehr langes Stück Geschenkband ab. Falte dann ein Stück Geschenkpapier in der Mitte und schneide aus beiden Lagen einen Kreis aus.

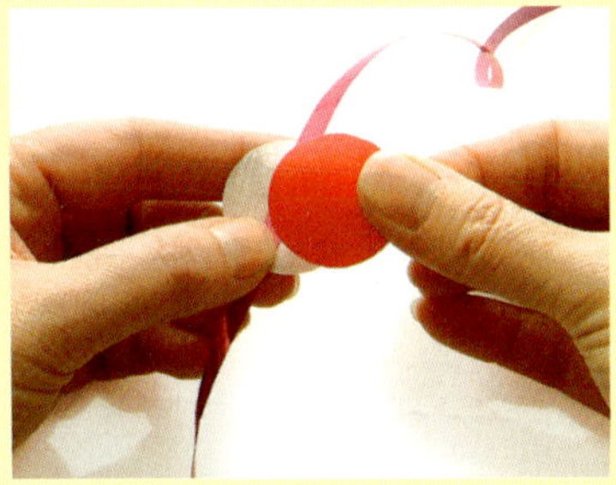

2 Bestreiche einen der Kreise mit Klebstoff und lege das Band darauf. Drücke dann den zweiten Kreis darauf, sodass der Rand genau mit dem ersten übereinstimmt.

3 Schneide viele Kreise aus unterschiedlichem Geschenkpapier zu und klebe sie von beiden Seiten an das Band. Lass zwischen ihnen immer etwas Platz.

Bei manchen dieser Girlanden sind außer Kreisen und Sternen auch Dreiecke aufgeklebt.

4 Klebe zwischendurch von beiden Seiten sternförmige Aufkleber an das Band, sodass die Ränder genau übereinstimmen.

5 Wenn du das Band vollständig mit Kreisen beklebt hast, kannst du die einfarbigen noch mit schönen Pailletten verzieren.

Es sieht schön aus, wenn die Girlanden senkrecht hängen und zwischen ihnen noch Geschenkbänder platziert werden.

6 Damit die Girlande noch mehr glitzert, streiche etwas Klebstoff auf einige Kreise und bestreue sie mit Glitter.

Seidiges Geschenkpapier

Weißes oder helles Seidenpapier

1 Schneide ein Stück Seidenpapier etwa auf die Größe dieser Seite zu und falte es in der Mitte. Falte es dann noch zweimal in der Mitte.

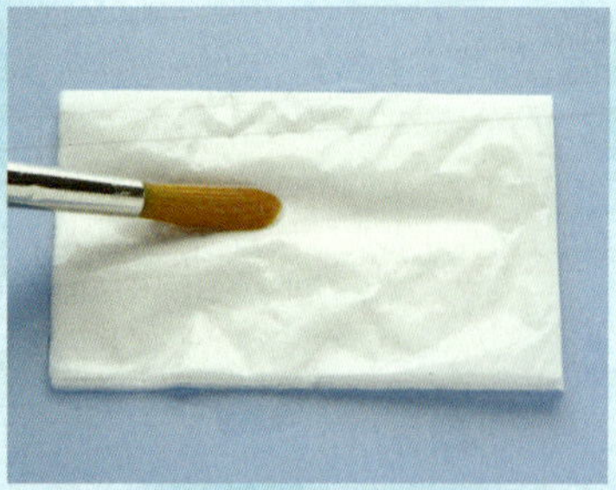

2 Tauche einen sauberen Pinsel in klares Wasser und bestreiche das gefaltete Papier damit vollständig, bis es durch und durch feucht ist.

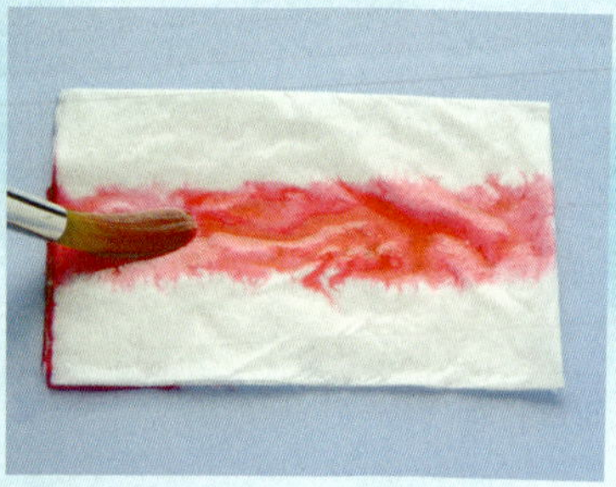

3 Male mit Tinte einen rosa Streifen mitten auf das Papier. Wiederhole das mehrmals, bis die Tinte durch alle Lagen sickert.

4 Male oben und unten einen lila Streifen. Achte darauf, dass die Tinte durch alle Lagen sickert und sich mit der rosa Tinte mischt.

5 Lass das Papier zusammengefaltet, bis es ganz trocken ist. Falte es dann vorsichtig auseinander und glätte es.

6 Male mit dem Pinsel Weißleim-Streifen auf das Papier. Bestreue sie mit Glitter, lass sie trocknen und schüttle dann den überschüssigen Glitter ab.

Weitere Ideen

Dieses Spiralmuster entsteht, wenn du den Weißleim in Spiralform statt in Streifen aufträgst und mit Glitter bestreust.

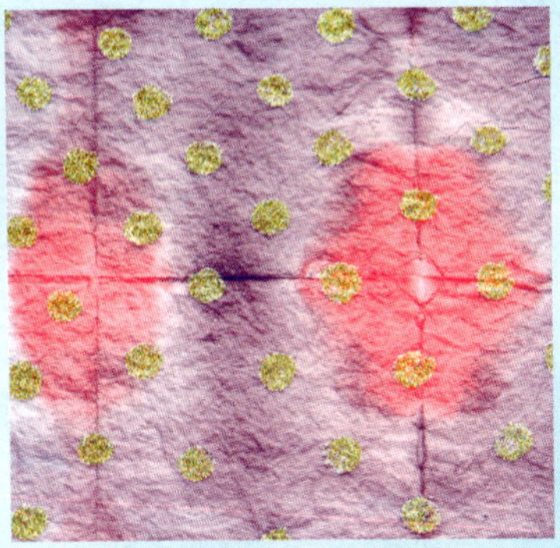

Tupfe den Kleber mit dem Finger auf das Papier und bestreue die Tupfen mit Glitter.

Male einfache Schneeflocken mit dem Kleber, bevor du Glitter darauf streust.

Verpacke kleine Geschenke mit diesem Papier und binde sie mit bunten Schleifen zu.

Kleine Weihnachtsbäume

Festes Papier oder dünner Karton

1 Tauche einen trockenen Pinsel in grüne Farbe und führe ihn unregelmäßig über ein schmales, rechteckiges Stück Papier oder Karton. Lass es trocknen.

2 Male dann mit einem dunkleren Grün darüber. Reibe die Farbe mit einem Stück Seidenpapier ab, bevor sie trocknet, damit sie mehr Struktur bekommt.

3 Wenn die Farbe trocken ist, drehst du das Papier um. Male dann Punkte in leuchtenden Farben darauf. Füge auch ein paar goldene Punkte hinzu.

4 Damit die Form eines Baumes entsteht, faltest du die rechte obere Ecke des Papiers bis zum unteren Rand um. Falze kräftig nach.

5 Halte dann die rechte Ecke fest und falte sie so um, dass sie mit der unteren Kante auf einer Linie liegt. Falze kräftig nach.

6 Schneide das Papier entlang der Dreieckskante ab. Drehe das Papier wie gezeigt um und zeichne eine waagerechte Linie ein.

Dieser Baum wurde mit goldener Acrylfarbe bemalt und mit Glitter bestreut.

7 Schneide an der gezeichneten Linie entlang. Falte das Papier auseinander und zeichne Dreiecke, Rauten und Kreise darauf, nur nicht auf die Faltkanten.

8 Schneide die Formen mit dem Bastelmesser sorgfältig aus und lass dabei immer ein kleines Stück stehen. Das dient als Gelenk zum Öffnen.

9 Drehe die Form um und drücke die eingeschnittenen Figuren auf. Falte den Karton zu einem Tannenbaum und befestige alles mit Klebeband.

Die Sterne wurden aus bemaltem Papier ausgeschnitten. Schneide in jeden Stern einen Schlitz und schiebe ihn auf die Spitze eines Baums.

Bei dem Baum oben wurden die feuchten Farbpunkte (siehe Schritt 3) mit Glitter bestreut.

Edles Geschenkpapier

Braunes Packpapier

1 Zeichne den Umriss eines Stechpalmenblatts auf ein Stück Zeichenkarton und schneide es sorgfältig mit dem Bastelmesser aus. Das wird die Schablone.

2 Gib etwas rote Acrylfarbe auf einen alten Teller und verteile sie. Tauche dann ein Stück Schwammtuch in die Farbe.

Diese Geschenkpapiere wurden wie unten beschrieben verziert.

3 Lege die Schablone auf ein Stück braunes Packpapier. Tupfe die Farbe immer wieder auf die Schablone, sodass der Abdruck eines Blattes entsteht.

4 Nimm die Schablone ab und lege sie neben dem ersten Blatt wieder aufs Papier. Tupfe Farbe darauf, sodass ein zweites Blatt entsteht.

5 Tupfe mit der Schablone noch drei weitere rote Blätter in einem Kreis auf und danach grüne Blätter zwischen die roten. Lass die Farbe trocknen.

6 Zeichne auf die grünen Blätter mit einem goldenen Filzstift eine gebogene Linie. Male in den Mittelpunkt zwischen die Blätter eine Spirale.

Weitere Vorschläge

Male mit einem dicken Pinsel breite Linien mit roter und goldener Acrylfarbe. Tupfe mit einer Schablone grüne Sterne auf das Gold.

Bemale braunes Packpapier ungleichmäßig mit Goldfarbe. Wenn die Farbe trocken ist, tupfst du grüne Weihnachtsbäume darauf.

Bestreiche Packpapier mit roter Acrylfarbe. Tupfe dann goldene Blätter in verschiedenen Richtungen darauf.

Experimentiere mit den Vorschlägen auf dieser Seite und entwickle deine eigenen Muster für Geschenkpapier.

Weitere Ideen

Auf diesen beiden Seiten findest du weitere Vorschläge, was du mit den Techniken aus diesem Buch basteln kannst. Wie es gemacht wird, kannst du auf den angegebenen Seiten nachlesen.

Verziere Packpapier mit Engeln (S. 30–31).

Klebe einen Weihnachtsbaum vorn auf eine Karte (S. 56–57).

Das Päckchen unten wurde mit einer Glanzpapier-Girlande zugebunden (S. 52–53).

Bastle einen Schneemann aus zwei Folienkugeln (S. 26–27).

Verziere einen gefalteten Stern mit Pailletten und hänge ihn an ein Päckchen (S. 34–35).

Klebe eine Krone auf einen Geschenkanhänger (S. 42–43).

Diese runde Geschenkschachtel ist mit einem Schneeflocken-Mosaik verziert (S. 28–29).

Die Karte mit den Heiligen Drei Königen wird gebastelt wie die Collage auf S. 14–15.

Register

Bibliografische Information der Deutschen Nationalbibliothek:
Die Deutsche Nationalbibliothek verzeichnet diese Publikation
in der Deutschen Nationalbibliografie. Detaillierte bibliografische Daten sind
im Internet über *http://dnb.d-nb.de* abrufbar.

Übersetzung aus dem Englischen: Susanne Bonn
Illustrationen: Antonia Miller, Katie Lovell
Fotos: Howard Allman
Umschlaggestaltung: Eva Bender

Titel der Originalausgabe:
The Usborne Book of Christmas ART ideas
Originalausgabe © 2004 Usborne Publishing Limited

Printed in Germany

4 3 2 1 13 12 11 10

ISBN 978-3-473-55656-4

www.ravensburger.de